Vals-les-Bains

(Ardèche)

Station
Hydrominérale
Remarquable Centre
de Tourisme

Édité par la
Chambre d'Industrie Thermale
de Vals-les-Bains (Ardèche)
1923

SAISON du 15 Mai au 1er Octobre

Le Syndicat d'Initiative du Vivarais, à Vals-les-Bains, donne gratuitement tous renseignements sur la Station (Joindre timbre de réponse).

RENSEIGNEMENTS GÉNÉRAUX

VALS est une des rares Stations thermales qui possède pour caractéristique la gamme des sources bicarbonatées sodiques, depuis les plus légères jusqu'aux plus fortes (de 1 à 9 grammes de bicarbonate de soude par litre).

On peut aussi combiner le traitement alcalin et le traitement arsénical par les eaux de la source Dominique.

Vals possède une belle source intermittente, merveille hydraulique qu'on ne peut comparer qu'aux geysers de l'Islande.

C'est vers l'an 1600 que l'on découvrit les premières traces d'eaux minérales. Le sous-sol qui a donné le jour à

VALS-LES-BAINS (Vue générale)

plus de cent sources, gardait jalousement le secret de sa nappe gazeuse. En 1609, le nom de Vals est révélé par un ouvrage de Claude Expilly, président au Parlement de Grenoble, qui était venu y soigner la maladie de la pierre dont il était atteint.

Au XVIIe siècle, les eaux de Vals commencent à circuler dans la France entière. Mme de Sévigné dit dans une de ses lettres : « L'un va à Vals parce qu'il est à Paris, l'autre à Forges parce qu'il est à Vals, tant il est vrai que jusqu'à ces pauvres fontaines, nul n'est prophète en son pays. »

Au XVIIIe siècle, l'eau de Vals se répand de plus en plus. Jean-Jacques Rousseau en boit à Montpellier, Vauvenargues fait une saison à Vals.

Mais c'est surtout au XIXe siècle, que Vals prit son grand essor grâce aux Dupasquier, aux Galimard, aux Clément.

Des forages nombreux furent exécutés, l'Etablissement thermal fut construit. Comme au commandement d'une baguette magique, les villas, les hôtels, les pavillons, les parcs surgirent. Ce fut la fièvre de l'eau. Le Vals moderne était né.

Vals est surtout connu par les millions de bouteilles qu'il expédie aux quatre coins du monde, mais il devient de jour en jour plus à la mode comme Station thermale, grâce aux tenaces efforts qu'il fait pour cela.

Le bain, la douche, la réaction dans les allées sinueuses et ombragées des nombreux et vastes parcs, la buvette à la source, la lecture sous les arbres, le jeu de boules ou de crockett, le tennis, l'audition des concerts journaliers et les représentations quotidiennes dans les deux Casinos de la Station, sans oublier le Cinéma, tel est l'emploi du temps que peut suivre un étranger à Vals.

Ajoutons la facilité de trente excursions variées, facilitées par des services d'autos-cars, dans les environs immédiats de Vals, dans ce Vivarais, moins grandiose que la Suisse, le Dauphiné, la Savoie, le Tyrol et les Pyrénées, mais plus intéressant par l'imprévu et la diversité de ses sites. Vals a été le deuxième Centre de Tourisme organisé en France par la Commission de Tourisme de « l'Automobile-Club de France.»

M. L. Auscher, vice-président du T. C. F., a dit dans une

étude remarquable : « Vals est le vrai centre de Tourisme
de l'Ardèche ; c'est un des plus remarquables centres de
Tourisme automobile et d'excursions que nous ayons en
France. »

MM. A. Ballif, président et Henri Rolland, le regretté
délégué aux voyages du T. C. F., ainsi que de nombreuses
notabilités du Tourisme, ont consacré des articles élogieux
à cette si curieuse région.

VALS-LES-BAINS (Le Casino)   (Cliché Brun)

Le Séjour à Vals

La saison thermale dure du 15 Mai au 1er Octobre.

On trouve à Vals des hôtels pour toutes les bourses. En
outre, des villas isolées se louent en totalité au mois ou à
la saison, et l'on trouve de nombreuses maisons meublées
louant par appartements et même par pièces séparées, tout
en mettant cuisine et cuisinière à la disposition de leurs
clients qui n'ont qu'à faire leurs achats chaque matin.

Le séjour à Vals est donc des plus facile.

Les sources sont situées dans de coquets pavillons ou
dans des grottes pittoresques. Les buvettes sont gratuites ;

de vastes parcs, ainsi que des sentiers forestiers qui font
suite sur le coteau sud-est, permettent d'effectuer à l'ombre,
de longues et délicieuses promenades au cours desquelles
on trouve des bancs échelonnés de distance en distance.

Climat délicieux en Mai, Juin et Septembre

◻ ◻ ◻

MM. les Baigneurs et Touristes trouvent au Syndicat
d'Initiative du Vivarais, à Vals, Bureaux situés Avenue Fa-
rincourt, à l'entrée des parcs, ouverts toute l'année (salon
de lecture et de correspondance), tous renseignements sur
la localité, ses hôtels, villas à louer, fournisseurs divers,
ainsi que sur les promenades et excursions dans le Vivarais.

*
* *

Le Syndicat d'Initiative du Vivarais répond par courrier
à toute demande de renseignements accompagnée d'un
timbre de réponse.

*
* *

Sur demande, le Syndicat d'Initiative du Vivarais adresse
franco par poste, contre :

0 fr. 30, le *Petit Guide de Vals* ;

0 fr. 25, le *Dépliant* portant deux cartes des environs de
Vals et donnant la liste des promenades et excursions avec
indications des distances ;

1 franc, le *Grand Guide Illustré de Vals et du Vivarais* ;

2 francs, l'*Album du Vivarais.*

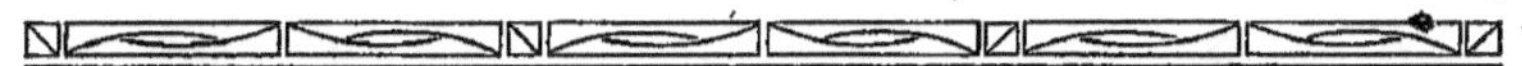

Composition des Sources
Minérales de Vals [1]

L'EAU de VALS est une eau alcaline froide, gazeuse, et le principe dominant de sa minéralisation est le Bicarbonate de Soude.

Ce qui constitue l'originalité et la supériorité thérapeutique de la station, c'est la graduation des divers éléments composants des Eaux. Si, en effet, ces éléments restent qualitativement les mêmes, ou à peu près, il y a, dans leur dosage quantitatif, des différences de 1 à 9 grammes. Aussi a-t-on pu établir la classification suivante :

1er groupe. — Sources bicarbonatées sodiques à minéralisation faible : de 1 à 3 grammes.

2e groupe. — Sources bicarbonatées sodiques à minéralisation forte : de 4 à 9 grammes.

En plus du bicarbonate de soude, élément vraiment caractéristique et dominant, ces eaux renferment, à doses infiniment moindres, mais non négligeables cependant, d'autres corps très intéressants, tels notamment que le bicarbonate de lithine, à la dose moyenne de 0 gr. 35 par litre.

Enfin il résulte d'une note présentée à l'Académie des Sciences, par MM. Chaspoul et Jaubert de Beaujeu, que les Eaux de Vals sont nettement radio-actives.

Source ferro-arsenicale " Dominique "

A côté et en dehors du groupe des Sources alcalines, Vals possède une source de composition différente : c'est la source ferro-arsenicale " Dominique."

Une analyse due à M. Bonjean, chef du Laboratoire du Ministère de l'Intérieur, membre du Conseil Supérieur d'Hygiène Publique de France, a révélé, dans la " Dominique ", l'existence d'un composé organo-métallique de fer-arsenic, à la dose de 20 milligrammes par litre.

Nous appelons tout spécialement l'attention de nos lecteurs sur la proportion très élevée de ce composé ferro-arsenical et sur sa forme remarquablement assimilable.

---

(1) Médecins consultants à Vals-les-Bains : MM. Bressot, Chabannes, David.

La nature toute spéciale de ce corps, ainsi que son importante proportion, classent la " Dominique " au premier rang des sources similaires de France et en font un agent de premier ordre de la médication ferro-arsenicale.

Adjuvants de la Cure

En plus des installations d'hydrothérapie courante, qui sont très perfectionnées, il faut signaler celles qui sont spéciales à Vals, savoir :

Le Bain alcalin minéral de Vals ;
Le Bain de " Dominique ";
L'Entéroclyse d'eau alcaline.

Le **Bain de Vals** se compose, sauf ordonnance spéciale du médecin, d'un tiers d'eau minérale fortement minéralisée à 9 grammes par litre, et de deux tiers d'eau douce.

Ce bain constitue un adjuvant très utile et très actif de la médication interne. Son action est nettement excitante et il faut tenir grand compte, en le prescrivant, de certaines idiosyncrasies névropathiques qui le contr'indiquent.

Le **Bain de " Dominique "**, ou bain rouge, est un bain alcalin, comme le précédent, où l'on ajoute des *boues de la Source " Dominique"*, en proportions variables, suivant l'ordonnance du médecin (ordinairement 400 ou 500 grammes pour un bain.)

Voici un tableau donnant la composition des boues utilisées : Résultats rapportés à 100 grammes de boue séchée à 110° :

Matière organique..   14 gr. 816
Matières minérales .   85 gr. 179
Arsenic en As.....   0 gr. 050

Ce bain, essentiellement tonique et sédatif, rend les plus grands services chez les nerveux anémiés, chez les vieillards, chez les artério-scléreux, pour qui la douche est contr'indiquée.

L'**Entéroclyse**, à cause de la composition si variée de l'eau minérale qui peut y être employée, rend les plus grands services dans les entérites avec constipation, s'accompagnant ou non de muco-membranes.

Indications et Résultats Thérapeutiques

L'indication fondamentale de la cure de Vals est fournie par l'arthritisme du tube digestif et principalement par les manifestations stomacales de cette diathèse.

Vals recrute les trois quarts de sa clientèle parmi les neuro-arthritiques gastropathes, aux manifestations si variées, si incommodes, parfois si douloureuses. Depuis le dyspeptique nervo-moteur simple, jusqu'à l'hypersécréteur dilaté, souffrant de troubles nutritifs graves, la cure de Vals répond à des indications certaines, soulage et guérit ; ses effets ne sont pas limités à une amélioration temporaire des symptômes ; elle procure, dans bien des cas, une guérison véritable.

C'est que son action n'est pas seulement locale. En même temps, en effet, qu'elle amène un meilleur fonctionnement de l'organe malade, elle provoque aussi une modification générale de la nutrition dans son ensemble ; elle facilite les combustions et les éliminations, et détermine ainsi l'évolution de l'organisme tout entier vers une meilleure formule nutritive. Pour peu que les troubles antérieurs n'aient pas un caractère de gravité trop grand, qu'ils ne soient pas trop anciens et trop invétérés, cette évolution ne régresse plus et un meilleur et nouvel équilibre des échanges s'établit et persiste.

Il nous reste maintenant à étudier brièvement les indications et les résultats de la cure de Vals, dans le traitement spécial de certaines affections chroniques.

Sous le Parc de la Dominique

MALADIES de l'ESTOMAC

Dyspepsie simple, nerveuse ou nervo-motrice

Manifestation très ordinaire de la neurasthénie, cette affection est le plus souvent bénigne, sans retentissement appréciable sur la nutrition générale. Mais il y a aussi la forme grave, qui en impose souvent et longtemps pour une affection organique, néoplasique ou autre, et amène, chez le sujet qui en est atteint, des troubles profonds et durables.

Le système nerveux central et grand sympathique joue, dans ces états, un rôle prépondérant, c'est incontestable.

Est-ce à dire qu'il soit suffisant de combattre ces symptômes par l'hydrothérapie, le séjour à la montagne, le repos, le régime, etc. ?

Non ; bien certainement.

Sans contester l'importance de ces facteurs hygiéniques, l'expérience prouve qu'ils n'amènent que des améliorations dont la durée est limitée presque, au temps pendant lequel le malade y est soumis.

La cure de Vals, au contraire, prolonge ses effets bien au-delà des trois semaines traditionnelles, atténue et guérit même, dans une large mesure, les troubles digestifs.

Comment peut-on concevoir, en dehors de son action générale sur l'organisme, cette action spéciale si manifeste sur la digestion gastrique?

A notre avis, il faut l'attribuer à l'action combinée de *l'acide carbonique libre, des petites doses de bicarbonate de soude et aussi à la température fraiche de l'eau.*

L'acide carbonique libre agit surtout comme anesthésique. Même dans les formes simples, il y a toujours, sinon de la douleur à proprement parler, tout au moins un certain degré d'hyperesthésie de la muqueuse, qui est calmée par les propriétés anesthésiques très anciennement connues de ce gaz. (Herpin, de Metz, etc.)

L'action excito-motrice et sécrétoire du bicarbonate de

soude, à doses fractionnées, est bien établie aussi ; enfin, dans ces cas de dyspepsie nerveuse, la température fraîche de nos eaux constitue un véritable avantage. Elles sont appétissantes et provoquent et accélèrent le fonctionnement des glandes du tube digestif, depuis les glandes salivaires jusqu'à celles de l'estomac.

Le Mont Gerbier des Joncs. *(1550 m. d'alt.)* - Source de la Loire

Hyperchlorhydrie. -- Hypersécrétion permanente. Syndrôme de Reichmann

Ce genre de dyspepsie par excès, hyperpepsie, est caractérisé par un accès plus ou moins douloureux, survenant chez le malade deux ou trois heures après le repas, et calmé lui-même par l'ingestion d'un aliment ou d'un nouveau repas.

Si ces troubles deviennent chroniques et quotidiens, ils prennent une allure différente ; à ces douleurs se joint une sécrétion muco-acide abondante (gastrorrhée), et à un stade de plus, l'hypersécrétion permanente se trouve constituée.

En même temps, la musculaire de l'estomac cède, sa tonicité diminue jusqu'à disparaître ; les ferments digestifs sont noyés et neutralisés par l'abondance de la sécrétion

muqueuse ; des troubles nutritifs graves ne tardent pas à
s'établir, qui en imposent pour un néoplasme de l'estomac.

La cure, dans ces cas, doit être conduite avec prudence.

Quelles que soient les minéralisations employées, il faut
faire usage de doses fractionnées, espacées.

Dans ces conditions, la cure amène une sédation marquée
des douleurs, en neutralisant l'hyperacidité du milieu, et en
opérant une véritable lessive de l'estomac. On peut compter
chaque année des améliorations telles que le malade, obligé
de se soumettre à un régime rigoureux, exclusivement lacté
le plus souvent, peut reprendre impunément les viandes et
autres aliments, l'usage du pain, etc... Pour qui connaît le
caractère rebelle et grave de ce genre de dyspepsie, de tels
résultats peuvent être considérés comme très satisfaisants.

Gastrite chronique. -- Dilatation de l'Estomac

La gastrite, ou catarrhe chronique de l'estomac, se carac-
térise surtout par la diminution de la sécrétion acide
et l'augmentation de la sécrétion muqueuse ; on voit ainsi
tout de suite ce qui la différencie de l'hyperchlorhydrie et
de l'hypersécrétion permanente.

Les causes que l'on retrouve neuf fois sur dix dans la
gastrite chronique, sont d'abord : l'abus des alcools sous
toutes les formes, l'habitude de la bonne chère. Notre
clientèle des départements du Midi, où le commerc des vins
est si important, fournit un très fort contingent de gastrites,
et nous avons eu souvent à constater combien les *dégusta-
teurs* étaient particulièrement sujets à cette affection. Le
dégustateur, cependant, est assez généralement sobre ; en
dehors des nécessités professionnelles, il ne commet pas
d'excès de boissons ou de table, et c'est bien l'acte lui-même
si fréquemment répété de la dégustation qui est en cause.

Il faut dire un mot de la *dilatation.*

Presque toutes les affections de l'estomac s'accompagnent
d'un certain degré de dilatation, en ce sens que presque
toujours la tonicité du muscle est plus ou moins altérée.

On doit réserver le nom de dilatation à ces cas où l'estomac, même vide, ne se rétracte pas et ne revient pas à ses

dimensions ordinaires ; *a fortiori*, quand il n'est pas vide et qu'il clapote, le matin au lever, avant le premier déjeuner.

La cure, dans ces cas, semble paradoxale, et il faut vraiment donner une sérieuse entorse à la logique pour, en même temps que l'on recommande la modération des liquides au moment des repas, prescrire l'ingestion de 500 à 600 grammes d'eau dans l'intervalle.

Et, cependant, la plupart des dilatés se trouvent très bien de l'usage de nos eaux à minéralisation faible ou moyenne, ce qui prouve, une fois de plus, que les lois de la mécanique ne sont pas applicables à la physio - pathologie, et, comme nous le disons souvent pour calmer les appréhensions de quelques malades timorés, que l'estomac n'est pas un sac en caoutchouc ordinaire et qu'il ne faut pas, par conséquent, le traiter de la même façon qu'on ferait de cet objet.

Le Pont d'Arc (*Cliché Coste*

(Arche naturelle de 60 mètres de largeur sur autant de hauteur, forée par l'Ardèche dans la montagne qui lui barrait la route)

La cure de Vals trouve donc ses indications fondamentales dans le traitement des affections de l'estomac. Elle peut, à juste titre, réclamer une place éminente et toute spéciale dans les moyens thérapeutiques et hygiéniques dont le médecin dispose pour remédier à ces états si divers, mais tous si rebelles, qui ont leur origine dans le mauvais fonctionnement de la digestion gastrique.

Lithiases biliaire et rénale

Nous nous abstiendrons volontairement d'insister, dans ce travail, sur le traitement de la lithiase biliaire à Vals. Nombreux cependant sont les malades qui, guéris de leurs coliques hépatiques par deux ou trois saisons à Vals, viennent encore, de loin en loin, consolider leur guérison et éviter les récidives.

Nous laissons de côté aussi la lithiase rénale, bien que les premières et très anciennes observations recueillies sur l'action thérapeutique des eaux de Vals, se rapportent précisément à la gravelle. Qu'on nous permette seulement, à titre de justification, la citation suivante, elle est de Claude Expilly, Président au Parlement de Grenoble, en 1609 et 1610 :

En l'an MDCIX et MDCX, aux mois d'août et septembre, j'alay boire des eaux de ces sources ; là, je recouvray ma première santé, de sorte que, depuis, je n'ai eu aucun resantiment de pierre ou gravele, dont j'étoy si travaillé, que j'avoy prèque perdu l'espérance de pouvoir dézormais passer un seul jour sans douleur et incommodité, quoy qu'auparavat, en l'an MDCVIII, je fusse heureuzement relevé de l'incisiô...

Notre intention est de nous occuper seulement, dans ce travail, des spécialisations de la cure de Vals, et c'est à ce titre que nous terminerons en parlant du traitement du diabète par l'action combinée des eaux alcalines de la " Dominique ".

Diabète

Parmi les espèces si diverses de diabète que compte la pathologie, le traitement hydrominéral ne s'adresse guère qu'au *diabète arthritique*. On relève dans ce cas, des antécédents rhumatismaux, graveleux... parfois des alternances de la glycosurie avec des coliques néphrétiques ou hépatiques, de l'asthme, des dermatoses, etc., qui fixeront bien vite le médecin sur la nature d'un tel diabète, sur son pronostic relativement bénin, et en même temps sur le traitement à lui opposer.

A ce point de vue, Vals présente des ressources uniques : la possibilité de suivre sur place et simultanément le traitement alcalin et le traitement arsenical.

A l'action profondément modificatrice des alcalines fortes, peut s'ajouter, en effet, celle de la médication arsenicale représentée par la *Dominique*, dont nous avons publié plus haut l'analyse.

En combinant l'usage de ces sources, on arrive à modérer considérablement la production du glycose, ou à en accélérer la combustion et aussi à remonter l'organisme souvent si débilité du diabétique.

Comment se comporte la glycosurie pendant la cure de Vals ?

Assez fréquemment le sucre disparaîtra entièrement, au moins pendant les premières années de cure.

D'autrefois, il y aura seulement diminution en plus ou moins grandes proportions.

Rarement, mais quelquefois encore, le chiffre du sucre n'est pas modifié.

Mais ce n'est pas, le médecin le sait bien, aux seules variations de la glycosurie, que l'on peut juger de la santé du malade et des résultats d'un traitement. Ce qui importe avant tout au diabétique, c'est la conservation de sa vigueur et de ses forces, c'est là vraiment le service qu'il faut demander à la cure hydrominérale.

« Dans certains cas même, cette cure a rendu service au malade, alors même qu'il en est revenu plus glycosurique qu'avant. Car le paradoxe de Claude Bernard, qu'il faut être bien portant pour être diabétique, renferme une part de vérité. Un cachectique devenu aglycosurique, et qui redevient glycosurique après une cure thermale, est plus résistant vis à vis de certaines complications. » (R. Lépine, *Le Diabète sucré*, 1909.)

Voilà bien l'enseignement clinique qui se dégage de l'observation des très nombreux diabétiques fréquentant notre station et qui, malgré la persistance de leur glyco-

surie, viennent refaire chaque année, une provision de
forces de résistance que nulle autre médication ne leur
procure au même degré.

Accidents larvés de l'impaludisme.
Anémie paludéenne

Nous voyons chaque année à Vals des malades, d'origine
coloniale surtout, présentant des symptômes assez dissem-
blables mais qui tous se rattachent à une cause commune :
le paludisme.

On ne retrouve pas toujours la fièvre intermittente
dans les antécédents de ces malades ; les malaises dont
ils se plaignent, ne s'accompagnent pas non plus d'une
élévation thermométrique appréciable ; mais leurs névral-
gies surtout faciales, leurs frissonnements spéciaux, avec
sensation de dépression profonde, et enfin toutes les
manifestations si pénibles qu'ils accusent, ont un caractère
de *périodicité* qui les rend assez aisés à dépister.

Enfin, une anémie plus ou moins accentuée, constitue
le substratum commun de ces états divers, engendrant à son
tour les troubles neurasthéniques si tenaces et si pénibles
que l'on constate souvent.

A ces malades, Vals offre des ressources thérapeutiques
vraiment spécialisées.

La source *Dominique*, par son fer et son arsenic, devait,
théoriquement et *a priori*, constituer pour eux un remède
quasi spécifique.

Il n'est pas rare en effet de constater, au cours de la
cure, un retour d'accès de fièvre caractéristiques depuis
très longtemps disparus, de même que la cure alcaline
réveille parfois des crises aigües de lithiase biliaire. Les
médecins voient, dans cette réaction, un élément de
pronostic très favorable, pour la guérison ultérieure, et
l'on peut légitimement conclure que la cure de Dominique
est aux accidents larvés du paludisme, ce que la cure
alcaline est à la lithiase biliaire.

Liste des Hôtels, Villas et Maisons Meublées

PRIX des HOTELS (logement et pension) par jour et par personne

NOMS DES HOTELS	En mai, juin, septembre et Octobre	Du 1er juillet au 31 août	Réduction accordée à MM. les Médecins
GRAND HOTEL des BAINS, au milieu des Parcs. Téléph. 13 ; électricité ; confort moderne ; A. C. F. ; T. C. F...	25 »	30 »	20 %
HOTEL de PARIS, J. ARMAND, près l'Etablissement Thermal. Téléph. 15 ; électricité ; T. C. F...	19 »	21 »	10 %
HOTEL DURAND (ouvert toute l'année). en face de l'église. Téléph. nº 1 ; électricité ; chambre noire ; T. C. F..	18 »	20 »	10 %
HOTEL ROBERT-THÉRON, près Pont-Saint-Jean. T. C. F. ; électricité ; petit parc en face de l'hôtel...	18 »	20 »	10 %
HOTEL de la POSTE, place Saint-Jean, Auguste CLAUZIER. Téléph. nº 30 ; électricité. (Annexe à la villa Denise)....	18 »	20 »	10 %
HOTEL de l'EUROPE, près de l'église, BERTHON. Electricité ...	18 »	20 »	10 %

Tous les hôtels mentionnés ci-dessus ont des garages pour autos. Des voitures et omnibus automobiles desservent les trains. Prix spéciaux pʳ familles.

Gratuité complète à l'Etablissement Thermal pour MM. les Médecins et leur famille directe qui sont également exonérés de la Taxe de séjour.

ANCELIN, *Villa*	LAFFONT, *Villa des Glycines*
ASTIER, —	LAFFONT-GIRAUD, *Villa*
ARZALIER Sylvain, *Maison meublée*	LIXI, *Villa*
BASTID, *Villa des Fleurs*	LODIE, —
BAYLON Thérèse (Mᴵˡᵉ), *Villa*	MARTIN Philippe, *Villa*
BEYDON Emile, *Villa des Hortensias*	MARTIN, Hôtel du Nord
BLACHÈRE, *Villa Bellevue*	MAURIN, Le Pont, *Maison meublée*
BOX Léopold, *Maison meublée*	MAZADE, *Villa Beaume*
BOUDINHON-BRESSON, *Villa*	MAZADE, *Villa Les Violettes*
BOURGUET, —	MAZOYER, *Villa du Parc*
CAYHIER, —	MOULIN (Vᵛᵉ), Le Pont, *Mais. meubl.*
CHANALEILLES, *Villa Henri*	MOULIN Baptiste. —
CHAREYRE (Vᵛᵉ), *Maison meublée*	OTT, *Villa Beauséjour*
CHAREYRE (Vᵛᵉ) à Gignac —	PARIS, *Villa des Prades*
CHARRA, —	PASCAL, *Maison meublée*
CLÉMENTI, *Villa*	PERFUM, *Villa*
COSTE, *Villa Denise*	PEYTIER, *Maison meublée*
COSTE Léopold, *Maison meublée*	PONS Baptiste, *Villa*
COSTE Louis (photographe), *Villa*	PRINSARD, Le Batédou, *Mais. meubl.*
DUPLAN (bains), *Villa*	RAYMOND, *Villa Les Prades*
DURAND (horloger), —	REBOULLET, *Villa*
ETIENNE Firmin, *Maison meublée*	SERRE Henry, *Maison meublée*
FERRAND, —	SUEL, —
FRAYSSE (Vᵛᵉ). —	SUCHON, *Villa*
GANDOL, —	TARJON, —
GANDON, —	TERRIS, —
GAYRAUD, —	TEYRE, —
LADET, *Villa*	VILLA TERMINUS

Vals-les-Bains

(gare P.-L.-M.) est à 44 kilomètres du Teil, gare située sur la rive droite du Rhône, à 5 kilomètres de celle de Montélimar (grande ligne Lyon-Marseille). Services automobiles à tous les trains entre Montélimar et le Teil.

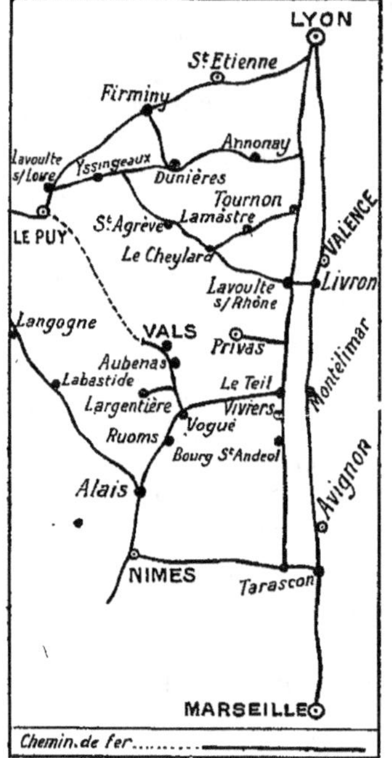

Pendant la saison, service automobile quotidien de la Cie P.-L.-M. entre Montélimar et Vals (durée du trajet : 1 heure 1/4). Billets directs avec enregistrement des bagages de Paris, Lyon et Marseille.

La Cie P.-L.-M. assure également des services réguliers d'autos-cars entre Vals et le Lac d'Issarlès par le Gerbier de Jonc (1550 mètres d'altitude, source de la Loire). Correspondance au Lac d'Issarlès avec un service automobile Le Puy-Issarlès.

Nombreuses excursions par cars automobiles de la Cie P.-L.M.

◻ ◻ ◻

Vals

un des plus admirables Centres de Tourisme de France, est situé à 250 mètres d'altitude, au cœur de cette merveilleuse et extraordinaire région du *Vivarais* qui possède, à des altitudes variant de 50 à 1.700 mètres, tous les climats, tous les aspects, des gorges profondes, de vastes paysages ruiniformes, des anciens volcans aux cratères très bien conservés, de gigantesques coulées basaltiques uniques en Europe, des forêts, des lacs, d'admirables Hauts Plateaux se développant entre 1.000 et 1.500 m. d'altitude, etc., etc.

Climat délicieux en Mai, Juin et Septembre

www.ingramcontent.com/pod-product-compliance
Lightning Source LLC
LaVergne TN
LVHW010839180726
843502LV00009B/3644